I COLORI DELLA CUCINA

PASTA E RISO dell'ESTATE

COVER

Calamarata rucola grana pinoli e pomodorini
Foto e styling di Francesca Brambilla
e Serena Serrani

SOMMARIO

A COLPO D'OCCHIO

PASTA INSALATISSIME!

DUE SPAGHI? (E NON SOLO)

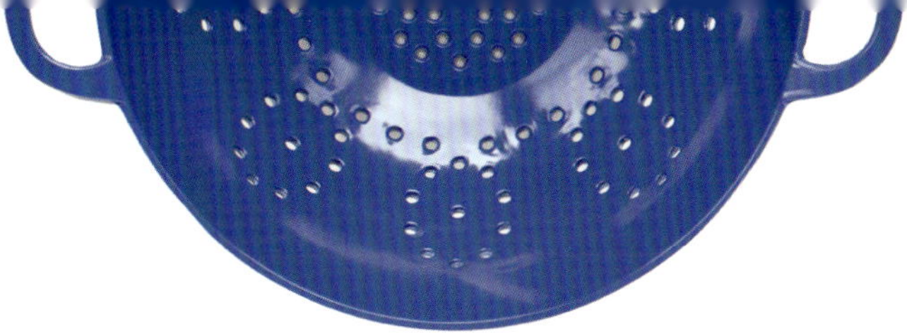

CHICCHI CHIC

RISI E RISOTTI SOTTO L'OMBRELLONE

SI FA PRESTO A DIRE: FREDDI

Un piatto estivo non significa necessariamente freddo. Prova ne è la proposta gastronomica di questo volume, dedicato a paste e risi (e risotti) dell'estate. Cosa fa di una ricetta, una ricetta adatta alla bella stagione? La (relativa) semplicità di preparazione; il condimento, sul leggero andante; l'assenza o quasi di passaggi in forno; la stagionalità e la suggestione dei suoi ingredienti... Se è vero com'è vero quanto appena scritto, è altrettanto vero, tuttavia che, tradizionalmente, ci sono preparazioni più estive di altre. Le insalate di pasta e di riso, sono tra queste. Versatili e gustose, sono una grande risorsa per mille occasioni: dal picnic sotto l'ombrellone, al party bordo piscina o in terrazza (per chi ce le ha), dalla cena in famiglia, alla festa con gli amici, o anche alla semplice pausa pranzo... Prepararle non è difficile, a patto di seguire alcuni piccoli consigli che riguardano, non tanto il condimento, quanto le modalità di raffreddamento dell'ingrediente principale: la pasta o il riso.

La regola classica per la pasta
In (quasi) tutti i manuali di cucina la procedura di raffreddamento della pasta prevede un passaggio sotto l'acqua del rubinetto. Una procedura comoda e soprattutto rapida che comporta, tuttavia, il rischio di rendere la pasta piuttosto collosa. Un'alternativa, però, c'è...

Meglio così
Le insalate di pasta hanno un grande vantaggio rispetto ad altre preparazioni: si possono preparare in anticipo. A meno che non vi troviate nella necessità di fare in fretta (leggi: di raffreddare la pasta, condirla e portarla in tavola immediatamente), prendetevi un po' più di tempo e procedete così.

- Scolate la pasta bene al dente, conditela con un filo di olio e mescolate.

- Foderate una teglia larga, o la placca del forno, con carta forno, versateci la pasta e distribuitela su tutta la superficie, allargandola bene.
- Coprite la pasta con un foglio di pellicola trasparente per evitare che si asciughi troppo e... aspettate il tempo che ci vuole.
- Ultimo avvertimento: durante il raffreddamento non abbandonate la pasta a sé stessa. Ricordatevi invece di rivoltarla ogni tanto con un cucchiaio di legno, per impedire che si incolli.

E per il riso?

La procedura consigliata è più o meno la stessa, con un'avvertenza in più, anzi due: prima di utilzzare il riso, sciacquatelo bene; per preparazioni in insalata, meglio scegliere risi orientali. Un nome su tutti? Il basmati.

TRUCCO LAST MINUTE

Avete preparato tutto in anticipo, raffreddato la pasta o il riso a dovere, unito il condimento ecc.? Non rovinate tutto mettendo la vostra preparazione in frigorifero. Meglio riporla, invece, nel luogo più fresco della casa.

minuti	minuti
tempo di preparazione ed eventuale riposo	*tempo di cottura*

PASTA
INSALATISSIME!

FARFALLE
AL PESTO DI RUCOLA CON POMODORINI CONFIT

Preparazione	20 minuti + riposo
Cottura	70 minuti

INGREDIENTI
per 4 persone

- 320 g di farfalle
- 150 g di rucola
- 50 g di pecorino grattugiato
- 50 g di parmigiano grattugiato
- 50 g di pinoli già pelati
- 1 spicchio di aglio
- 10 pomodorini
- 1 rametto di origano
- zucchero
- olio extravergine di oliva
- sale

1 Lavate i pomodorini, tagliateli a metà e disponeteli su una teglia, foderata con carta forno. Irrorate con olio extravergine di oliva, profumate con un po' di origano e spolverizzate con pochissimo zucchero. Mettete in forno a 150 °C e fate cuocere per circa 1 ora. Trascorso il tempo, levate i pomodorini dal forno e lasciateli raffreddare.

2 Mentre i pomodorini sono in cottura, lessate le farfalle in abbondante acqua bollente salata. Scolatele bene al dente, conditele con un filo di olio e lasciatele raffreddare.

3 Intanto, preparate il pesto di rucola: lavate e mondate la rucola, asciugatela e raccoglietela nel bicchiere del mixer. Unite i pinoli, l'aglio, i due formaggi, un pizzico di sale e frullate, aggiungendo a filo l'olio necessario per ottenere una salsina cremosa.

4 Raccogliete le farfalle in un'insalatiera, conditele con il pesto di rucola, unite i pomodorini confit e mescolate delicatamente. Irrorate con un filo di olio, distribuite nei bicchieri individuali, portate in tavola e servite.

CASERECCE
AI TRE COLORI

20 minuti + riposo

15 minuti

INGREDIENTI
per 4 persone

- 320 g di caserecce
- 1/2 melone
- 120 g di prosciutto crudo in fetta unica
- 80 g di rucola
- 1 limone
- olio extravergine di oliva
- sale e pepe

1 Lessate le caserecce in abbondante acqua bollente leggermente salata. Scolatele bene al dente, conditele con un filo di olio e lasciatele raffreddare.

2 Nel frattempo, tagliate il 1/2 melone a fette, sbucciatele, eliminate i semi e fate la polpa a dadini. Tagliate il prosciutto a striscioline. Mondate la rucola, asciugatela e spezzettatela. Versate 3-4 cucchiai di olio in una ciotolina, unite 1-2 cucchiai di succo di limone, salate, pepate ed emulsionate.

3 Trasferite la pasta in un'insalatiera, unite il melone, il prosciutto e la rucola, condite con l'emulsione e mescolate. Distribuite le caserecce ai tre colori nei bicchieri individuali, portate in tavola e servite.

PENNETTE ALL'ARAGOSTA ALLA CATALANA

25 minuti + riposo

30 minuti

INGREDIENTI
per 4 persone

- 320 g di pennette lisce
- 1 aragosta da 800 g
- 10-12 pomodorini
- 1 cipolla rossa
- 1 limone
- olio extravergine di oliva
- sale e pepe

1 Lessate la pasta in abbondante acqua bollente salata. Scolatela bene al dente, conditela con un filo di olio e lasciatela raffreddare.

2 Intanto, lessate l'aragosta in abbondante acqua bollente salata per circa 15-20 minuti. Trascorso il tempo, spegnete e lasciate raffreddare nell'acqua di cottura. Quindi scolate l'aragosta, ricavate la polpa, tagliatela a tocchetti e raccoglietela in un'insalatiera.

3 Lavate i pomodorini, tagliateli a metà, eliminate i semi e l'acqua di vegetazione e fateli a dadini; affettate finemente la cipolla. Unite entrambi gli ingredienti all'aragosta.

4 Emulsionate 3-4 cucchiai di olio con 1-2 cucchiai di succo di limone, un pizzico di sale e una macinata di pepe, condite l'insalata di aragosta e mescolate. Aggiungete le pennette e mescolate ancora. Distribuite le pennette all'aragosta nei bicchieri individuali, portate in tavola e servite.

FUSILLI TONNO E TACCOLE

⏱	**15** minuti
♨	**20** minuti

INGREDIENTI
per 4 persone

- **320 g di fusilli**
- **1 filetto di tonno da 300 g**
- **150 g di taccole**
- **5-6 pomodori secchi sott'olio**
- **1 limone**
- **olio extravergine di oliva**
- **sale e pepe**

1 Lessate i fusilli in abbondante acqua bollente leggermente salata. Scolateli bene al dente, conditeli con un filo di olio e lasciateli raffreddare.

2 Nel frattempo, mondate le taccole e lessatele in acqua bollente leggermente salata. Scolatele ancora croccanti e tenetele da parte. Scottate il tonno su una piastra rovente 1 minuto per parte, poi levatelo e tagliatelo a cubetti.

3 Scolate i pomodori secchi e tagliateli a pezzettoni. Emulsionate 3-4 cucchiai di olio con 1-2 cucchiai di succo di limone, un pizzico di sale e una macinata abbondante di pepe.

4 Raccogliete i fusilli, in un'insalatiera. Aggiungete le taccole, il tonno e i pomodori secchi, condite con l'emulsione preparata e mescolate. Distribuite tutto nei bicchieri individuali, portate in tavola e servite.

CALAMARATA FREDDA
SCIUÈ SCIUÈ

15 minuti + riposo

15 minuti

INGREDIENTI
per 4 persone

- **320 g di calamarata**
- **400 g di pomodorini**
- **300 g di mozzarella di bufala**
- **3-4 cucchiai di olive taggiasche già snoccciolate**
- **1 rametto di origano**
- **1 mazzetto di basilico**
- **olio extravergine di oliva**
- **sale e pepe**

1 Lessate la pasta in abbondante acqua bollente salata. Scolatela bene al dente, conditela con un filo di olio e lasciatela raffreddare.

2 Nel frattempo, sbollentate i pomodorini per un paio di minuti. Scolateli, pelateli, tagliateli a metà, eliminate i semi e l'acqua di vegetazione e fateli a dadini.

3 Raccogliete la dadolata in un'insalatiera, unite la mozzarella di bufala, tagliata a cubetti, e le olive, condite con un filo di olio, un pizzico di sale e una macinata di pepe e mescolate.

4 Aggiungete la calamarata, ormai fredda, profumate con un po' di origano e con qualche foglia di basilico spezzettata, mescolate ancora, portate in tavola e servite.

CALAMARATA
RUCOLA GRANA PINOLI E POMODORI

15 minuti + riposo

15 minuti

INGREDIENTI
per 4 persone

- 320 g di calamarata
- 100 g di rucola
- 2-3 pomodori maturi
- 2 cucchiai di pinoli già sgusciati
- 50 g di parmigiano
- 60 g di mollica di pane raffermo
- aceto balsamico
- olio extravergine di oliva
- sale

1 Lessate la calamarata in abbondante acqua bollente salata. Scolatela bene al dente, conditela con un filo di olio e lasciatela raffreddare.

2 Mentre la pasta si raffredda, sbollentate i pomodori per un paio di minuti. Quindi, scolateli, pelateli, tagliateli a metà, eliminate i semi e l'acqua di vegetazione e fateli a dadini. Lavate la rucola, asciugatela e spezzettatela grossolanamente.

3 Sbriciolate la mollica di pane, versatela in una padella con 1 cucchiaio di olio, spruzzatela con un paio di cucchiai di aceto balsamico e fatela saltare a fuoco vivace finché diventa croccante.

4 Raccogliete la dadolata di pomodoro e la rucola in un'insalatiera. Aggiungete i pinoli e le briciole al balsamico, condite con un filo di olio e un pizzico di sale e mescolate.

5 Unite la calamarata, aggiungete il parmigiano, tagliato a scagliette, e mescolate ancora. Portate in tavola e servite.

CALAMARATA IN INSALATA
DI PEPERONI FUMÉ

20 minuti + riposo

20 minuti

INGREDIENTI
per 4 persone

- **320 g di calamarata**
- **3 peperoni (1 rosso, 1 giallo, 1 verde)**
- **2 cucchiai di capperi sotto sale**
- **1 cucchiaio di uvetta**
- **1 rametto di origano**
- **1 spicchio di aglio**
- **olio extravergine di oliva**
- **sale**

1 Lessate la calamarata in abbondante acqua bollente salata. Scolatela bene al dente, conditela con un filo di olio e lasciatela raffreddare.

2 Intanto, abbrustolite i peperoni direttamente sulla fiamma del fornello. Poi levateli, raccoglieteli in un sacchetto di carta per il pane e lasciateli riposare una decina di minuti. Trascorso il tempo, levateli, pelateli, tagliateli a metà ed eliminate i semi e le coste bianche interne. Alla fine tagliateli a listerelle.

3 Scaldate 2-3 cucchiai di olio in una padella con lo spicchio di aglio schiacciato. Levate l'aglio, unite le listerelle di peperone e fatele insaporire per una decina di minuti.

4 A pochi minuti dal termine, aggiungete i capperi, dissalati, e l'uvetta, ammollata e strizzata; spolverizzate con un po' di origano e portate a cottura. Al termine, levate e lasciate raffreddare. Al momento di servire, condite la pasta con l'insalata di peperoni fumé, mescolate e portate in tavola.

CALAMARATA CON TOTANETTI E POMODORINI

20 minuti + riposo

20 minuti

INGREDIENTI per 4 persone

- 320 g di calamarata
- 400 g di totanetti già puliti
- 300 g di pomodorini
- 1 mazzetto di mentuccia
- 1 mazzetto di basilico
- olio extravergine di oliva
- sale

1 Lessate la calamarata in abbondante acqua bollente salata. Scolatela bene al dente, conditela con un filo di olio e lasciatela raffreddare.

2 Intanto, lessate i totanetti in acqua bollente per una decina di minuti, poi scolateli e lasciateli raffreddare, quindi tagliateli a pezzetti. Sbollentate i pomodorini per un paio di minuti. Scolateli, pelateli, tagliateli a metà, eliminate i semi e l'acqua di vegetazione e fateli a dadini.

3 Raccogliete totanetti e pomodorini in un'insalatiera, condite con un filo di olio extravergine e un pizzico di sale, profumate con il basilico e la mentuccia, e mescolate. Unite la pasta, ormai fredda, mescolate ancora, portate in tavola e servite.

RADIATORI
AL PESTO D'ORTICA

Preparazione	**15** minuti
Cottura	**15** minuti

INGREDIENTI
per 4 persone

- **320 g di radiatori**
- **150 g di ortiche**
- **60 g di parmigiano grattugiato**
- **4 pomodori secchi sott'olio**
- **50 g di mandorle già pelate**
- **olio extravergine di oliva**
- **sale**

1 Lessate la pasta in abbondante acqua bollente leggermente salata, scolatela bene al dente, conditela con un filo di olio e lasciatela raffreddare.

2 Intanto preparate il pesto: lavate bene le ortiche (maneggiandole con i guanti in lattice per evitare di pungervi), sbollentatele un paio di minuti, poi scolatele e asciugatele.

3 Raccogliete le foglie nel bicchiere del mixer, unite il parmigiano, i pomodori secchi, scolati, e 40 g di mandorle, e frullate tutto grossolanamente con un filo di olio. Tritate le mandorle rimaste e tenete da parte.

4 Versate i radioatori in una zuppiera, conditeli con il pesto preparato e mescolate. Spolverizzate con le mandorle tritate, portate in tavola e servite.

CASERECCE
PESCE SPADA E MENTUCCIA

15 minuti + riposo

30 minuti

INGREDIENTI per 4 persone

- 320 g di caserecce
- 1 trancio di pesce spada da 250 g
- 1 melanzana
- 2 spicchi di aglio
- 10 pomodorini
- 50 g di granella di mandorle
- 1 mazzetto di mentuccia
- vino bianco
- olio extravergine di oliva
- sale

1 Lessate le caserecce in abbondante acqua bollente leggermente salata. Scolatele bene al dente, conditele con un filo di olio e lasciatele raffreddare.

2 Intanto preparate il condimento. Lavate la melanzana, asciugatela, spuntatela e tagliatela a cubetti. Scaldate abbondante olio in una padella e friggete i cubetti di melanzana. Man mano che sono pronti, scolateli e metteteli ad asciugare su un foglio di carta assorbente da cucina.

3 Pulite il trancio di pesce spada: eliminate la pelle e le eventuali lische e tagliatelo a cubetti piccoli. Scaldate 3-4 cucchiai di olio in una padella con gli spicchi di aglio, tritati. Aggiungete i cubetti di pesce spada e fate cuocere per 2-3 minuti. Bagnate con 1/2 bicchiere di vino bianco e lasciate sfumare. Unite i pomodorini, tagliati a spicchi, e proseguite la cottura per altri 5 minuti.

4 Aggiungete i cubetti di melanzana, profumate con qualche foglia di mentuccia, spezzettata, completate con la granella di mandorle e lasciate insaporire per un paio di minuti ancora.

5 Raccogliete le caserecce in un'insalatiera, unite il condimento preparato, mescolate e servite, decorando con un ciuffetto di mentuccia fresca.

FARFALLE MEDITERRANEE
AL FINOCCHIETTO

20 minuti + riposo

25 minuti

INGREDIENTI
per 4 persone

- 320 g di farfalle
- 250 g di salmone in tranci
- 1 peperone giallo
- 1 peperone rosso
- 2 filetti di acciuga sott'olio
- 1 mazzetto di finocchietto selvatico
- olio extravergine di oliva
- sale e pepe

1 Lessate le farfalle in abbondante acqua bollente leggermente salata. Scolatele bene al dente, conditele con un filo di olio e lasciatele raffreddare.

2 Intanto preparate il condimento. Abbrustolite i peperoni direttamente sulla fiamma del fornello. Poi levateli, raccoglieteli in un sacchetto di carta per il pane e lasciateli riposare una decina di minuti. Trascorso il tempo, levateli, pelateli, tagliateli a metà ed eliminate i semi e le coste bianche interne. Alla fine tagliateli a listerelle.

3 Eliminate la pelle e le eventuali lische dai tranci di salmone, tagliateli a tocchetti e fateli saltare un paio di minuti in una padella con un filo di olio. Unite i filetti di acciuga, scolati, e fateli stemperare. Aggiungete anche il finocchietto selvatico, lavato e spezzettato, salate e pepate e continuate la cottura per un paio di minuti.

4 Raccogliete le farfalle in un'insalatiera. Unite il salmone al finocchietto, e le listerelle di peperone, profumate con una macinata di pepe, mescolate e servite.

DUE SPAGHI?
(E NON SOLO)

SPAGHETTI AGLIO OLIO ORIGANO E PEPERONCINO

5 minuti

10 minuti

INGREDIENTI
per 4 persone

- 320 g di spaghetti
- 1 spicchio di aglio
- 1 peperoncino
- 4 pomodorini
- 1 rametto di origano
- pangrattato
- olio extravergine di oliva
- sale

1 Scaldate 6 cucchiai di olio in una padella con l'aglio, privato dell'anima, e un po' di peperoncino tritato (secondo il vostro gusto). Appena l'aglio inizia a imbiondire, levatelo.

2 Aggiungete i pomodorini, tagliati a spicchi e privati dei semi e dell'acqua di vegetazione, e profumate con un po' di origano. Spolverizzate con 1 cucchiaio di pangrattato, incoperchiate e fate cuocere per 4-5 minuti.

3 Nel frattempo, lessate gli spaghetti in abbondante acqua bollente leggermente salata. Scolateli al dente e trasferiteli nella padella con il condimento. Unite 1 cucchiaio della loro acqua di cottura e fateli saltare per 1 minuto. Mescolate, portate in tavola e servite.

SPAGHETTI ALLE MELANZANE

15 minuti

40 minuti

INGREDIENTI per 4 persone

- **320 g di spaghetti**
- **80 g di fiordilatte**
- **2 melanzane piccole**
- **500 g di passata di pomodoro**
- **1 spicchio di aglio**
- **1 mazzetto di basilico**
- **farina**
- **zucchero**
- **olio extravergine di oliva**
- **sale**

1 Versate la passata in una casseruola con 5-6 foglie di basilico e lo spicchio di aglio, schiacciato. Aggiungete 1 cucchiaino raso di zucchero e una presa di sale, incoperchiate e fate cuocere, su fiamma bassissima, per circa 30 minuti. Trascorso il tempo, eliminate l'aglio e il basilico, regolate di sale e levate.

2 Mentre la salsa di pomodoro è in cottura, preparate le melanzane: lavatele, asciugatele, spuntatele e tagliatele a fette sottili. Infarinate le fette, scuotetele per eliminare l'eccesso di farina, quindi friggetele in abbondante olio extravergine ben caldo, finché risultano ben dorate. Man mano che sono pronte, scolatele su carta assorbente da cucina per farle asciugare. Al termine, trasferitele in forno a 50 °C per tenerle al caldo.

3 Lessate gli spaghetti in abbondante acqua bollente leggermente salata, scolateli al dente e conditeli con la salsa di pomodoro. Profumate con qualche foglia di basilico, completate con le melanzane e il fiordilatte, tagliato a cubetti, mescolate e servite.

SPAGHETTI CON VONGOLE E CONCASSÉ DI POMODORINI

Preparazione	15 minuti
Cottura	15 minuti

INGREDIENTI
per 4 persone

- 320 g di spaghetti
- 800 g di vongole già spurgate
- 6-8 pomodorini
- 1 mazzetto di prezzemolo
- 1 spicchio di aglio
- 1 peperoncino
- olio extravergine di oliva
- sale

1 Tagliate i pomodorini a metà, eliminate i semi e l'acqua di vegetazione, fateli a pezzetti e raccoglieteli in una ciotola. Mettete le vongole in una padella con 2-3 cucchiai di olio e lo spicchio di aglio, schiacciato. Incoperchiate e fatele aprire a fuoco vivace, aggiungendo alla fine il prezzemolo, tritato.

2 Spegnete, levate dal fuoco e sgusciate i molluschi, tenendone alcuni nelle conchiglie. Recuperate il loro liquido di cottura, filtratelo e versatelo in un'altra padella. Unite 2-3 cucchiai di olio e fateci saltare per un paio di minuti i pomodorini.

3 Lessate gli spaghetti in abbondante acqua bollente leggermente salata. Scolateli bene al dente e trasferiteli nella padella con i pomodorini. Aggiungete le vongole sgusciate, insaporite con un po' di peperoncino tritato (secondo i vostri gusti), e mantecate per 1 minuto. Unite le vongole tenute da parte, portate in tavola e servite.

SPAGHETTI
COZZE E PECORINO

10 minuti

35 minuti

INGREDIENTI
per 4 persone

- 320 g di spaghetti
- 800 g di cozze già pulite
- 10-12 pomodorini
- 1 mazzetto di prezzemolo
- 2 spicchi di aglio
- 1 peperoncino
- pecorino grattugiato
- olio extravergine di oliva
- sale

1 Scaldate 3-4 cucchiai di olio in una padella con gli spicchi di aglio e il peperoncino tritato (per il peperoncino, regolatevi secondo le vostre preferenze). Unite le cozze, incoperchiate e fatele aprire a fuoco vivace. Quindi, spegnete, levate dal fuoco e sgusciate i molluschi, tenendone alcuni nelle conchiglie.

2 Recuperate il liquido di cottura delle cozze, filtratelo e versatelo in un'altra padella con 2-3 cucchiai di olio. Aggiungete i pomodorini, lavati, tagliati a metà e privati dei semi e dell'acqua di vegetazione, e fateli appassire per circa 15 minuti a fuoco basso.

3 Lessate gli spaghetti in abbondante acqua bollente leggermente salata, scolateli al dente e trasferiteli nella padella con i pomodorini. Unite tutte le cozze e qualche foglia di prezzemolo tritato, mescolate e fate saltare per 1 minuto. Spolverizzate con abbondante pecorino grattugiato, portate in tavola e servite.

SPAGHETTI GIALLI ALLE MAZZANCOLLE
POMODORO E SEDANO

10 minuti

15 minuti

INGREDIENTI
per 4 persone

- **320 g di spaghetti**
- **8 mazzancolle**
- **2 cucchiai di capperi sotto sale**
- **2 pomodori maturi**
- **1 costa di sedano**
- **1 spicchio di aglio**
- **1 bustina di zafferano**
- **olio extravergine di oliva**
- **sale**

1 Sgusciate le mazzancolle, incidetele sul dorso ed eliminate il filamento scuro dell'intestino. Pelate i pomodori, tagliateli a metà, privateli dei semi e dell'acqua di vegetazione e fateli a dadini. Mondate il sedano e tagliatelo a listerelle. Sciacquate i capperi, per eliminare il sale di conservazione e asciugateli.

2 Lessate gli spaghetti in abbondante acqua bollente leggermente salata. Mentre la pasta è in cottura, fate saltare le mazzancolle per 4-5 minuti in una padella con 3-4 cucchiai di olio, il sedano, l'aglio e i capperi.

3 Scolate la pasta bene al dente e trasferitela nella padella con le mazzancolle in cottura, insieme alla dadolatina di pomodoro. Unite 1 cucchiaio della loro acqua di cottura, in cui avrete stemperato lo zafferano, e mescolate. Fate saltare per un paio di minuti, portate in tavola e servite.

CALAMARATA ALL'AMATRICIANA DI MARE

20 minuti

20 minuti

INGREDIENTI
per 4 persone

- 320 g di calamarata
- 1 trancio di pesce spada da 250 g
- 10-15 pomodorini
- 50 g di pane raffermo
- 1 mazzetto di prezzemolo
- 1 spicchio di aglio
- vino bianco
- peperoncino in polvere
- olio extravergine di oliva
- sale e pepe

1 Pulite il trancio di pesce spada: eliminate la pelle e le eventuali lische e tagliatelo a cubetti piccoli. Sbollentate i pomodorini per un paio di minuti. Scolateli, pelateli, tagliateli a metà ed eliminate i semi e l'acqua di vegetazione, quindi fateli a spicchietti.

2 Scaldate 3-4 cucchiai di olio in una padella con lo spicchio di aglio, schiacciato. Eliminate quest'ultimo, aggiungete i pomodorini e lasciateli insaporire per qualche minuto. Unite la dadolata di spada e fate saltare per 2 minuti, mescolando delicatamente con un cucchiaio di legno.

3 Sfumate con 1/2 bicchiere di vino bianco, salate, e profumate con una macinata di pepe e qualche foglia di prezzemolo tritato. Nel frattempo versate 1 cucchiaio di olio in un'altra padella, aggiungete un pizzico di peperoncino e il pane raffermo, sbriciolato, e fate colorire.

4 Poco prima che il condimento sia pronto, lessate la calamarata in abbondante acqua bollente leggermente salata. Scolatela al dente e fatela saltare per 1 minuto nella padella con l'amatriciana di mare. Aggiungete il pane sbriciolato aromatizzato, mescolate e servite.

CALAMARATA CON SARDE
FINOCCHIETTO E OLIVE

15 minuti

25 minuti

INGREDIENTI
per 4 persone

- **320 g di calamarata**
- **300 g di sarde già eviscerate**
- **3-4 pomodori secchi sott'olio**
- **1 mazzetto di finocchietto selvatico**
- **2 cucchiai di olive di Gaeta già snocciolate**
- **1 spicchio di aglio**
- **1 bustina di zafferano**
- **olio extravergine di oliva**
- **sale e pepe**

1 Lavate il finocchietto, scottatelo in abbondante acqua bollente salata, scolatelo (tenendo da parte l'acqua) e tritatelo grossolanamente. Pulite le sarde, sfilettatele e tagliate ogni filetto a tocchetti. Sgocciolate i pomodori secchi e tagliateli a listerelle. Tagliate a rondelle le olive.

2 Scaldate 3-4 cucchiai di olio in una padella con lo spicchio di aglio, schiacciato. Eliminate quest'ultimo, aggiungete le sarde, il trito di finocchietto e le olive, e lasciate insaporire per un paio di minuti.

3 Profumate con lo zafferano, stemperato in 2-3 cucchiai di acqua calda, e una macinata di pepe e fate asciugare.

4 Intanto lessate la pasta nell'acqua al finocchietto, bollente. Scolatela al dente, trasferitela nella padella con il condimento, mescolate e fate saltare per 1 minuto. Levate, condite con un filo di olio e servite.

REGINETTE
ALLA GENOVESE DI TONNO

15 minuti

140 minuti

INGREDIENTI
per 4 persone

- 320 g di reginette
- 1 filetto di tonno da 300 g
- 1,5 kg di cipolle bianche
- 1 costa di sedano
- 4 carote
- brodo vegetale
- 1 mazzetto di basilico
- olio extravergine di oliva
- sale

1 Mondate e tagliate a pezzetti le carote e il sedano, e fateli rosolare in una casseruola con 3-4 cucchiai di olio per circa 10 minuti.

2 Tagliate le cipolle a listerelle sottili, unitele al soffritto, incoperchiate e fate cuocere a fuoco bassissimo per circa 2 ore, fino a quando si sarà creata una sorta di crema caramellata (nel caso le cipolle si asciugassero troppo in cottura, bagnate di tanto in tanto con brodo vegetale).

3 Trasferite la crema di cipolle in una larga padella, unite il tonno, tagliato a cubotti, e fate saltare a fuoco vivace per 5-7 minuti. Intanto lessate le reginette in abbondante acqua bollente leggermente salata.

4 Scolate la pasta al dente, trasferitela nella padella con il condimento e fatela saltare per un paio di minuti. Al termine, levate, profumate con qualche foglia di basilico, portate in tavola e servite.

FUSILLI AL RAGÙ VEGETARIANO

15 minuti

35 minuti

INGREDIENTI per 4 persone

- 320 g di fusilli corti bucati
- 2 melanzane
- 4 zucchine
- 150 g di mandorle già sgusciate
- 1 limone
- 1 mazzetto di basilico
- olio extravergine di oliva
- sale e pepe

1 Sciacquate le melanzane, asciugatele e tagliatele a cubetti piuttosto piccoli. Raccogliete la dadolata in una padella con 4 cucchiai di olio e fatela saltare a fuoco vivace per 10-15 minuti. Al termine salate e profumate con una macinata di pepe.

2 Lavate e asciugate le zucchine, poi spuntatele e tagliatele a tocchetti. Versate 3-4 cucchiai di olio in un'altra padella, unite i tocchetti di zucchina e fateli saltare per 4-5 minuti. Poi salate e pepate.

3 Tritate grossolanamente le mandorle, senza pelarle, distribuite il trito in una teglia e fate tostare in forno già caldo a 180 °C per 10 minuti.

4 Lessate i fusilli in abbondante acqua bollente leggermente salata, scolateli al dente e trasferiteli in una zuppiera. Aggiungete le verdure e le mandorle tostate, profumate con la scorza grattugiata del limone e con qualche foglia di basilico, condite con un filo di olio, mescolate e servite.

RUOTE AL POMODORO
PEPERONCINO E ROSMARINO

10 minuti

20 minuti

INGREDIENTI
per 4 persone

- 320 g di ruote
- 2-3 pomodori maturi
- 1 cipolla
- 1 rametto di rosmarino
- 1 spicchio di aglio
- 30 g di pinoli già pelati
- 1 peperoncino
- vino bianco
- pecorino grattugiato
- olio extravergine di oliva
- sale

1 Sbollentate per un paio di minuti i pomodori, pelateli, tagliateli a metà, eliminate i semi e l'acqua di vegetazione e fateli a pezzetti. Tritate il rosmarino con l'aglio e tagliuzzate grossolanamente i pinoli.

2 Affettate finemente la cipolla e fatela rosolare in una padella con 3-4 cucchiai di olio. Unite i pomodori e i pinoli, profumate con il trito di rosmarino e aglio e lasciate insaporire.

3 Bagnate con 1/2 bicchiere di vino bianco, aggiungete un po' di peperoncino (regolandovi secondo il vostro gusto) e fate cuocere a fuoco basso per circa 15 minuti.

4 Mentre il sugo è in cottura, lessate le ruote in abbondante acqua bollente leggermente salata. Quindi, scolatele al dente e trasferitele nella padella con il condimento. Spolverizzate con un po' di pecorino, fate saltare per un paio di minuti, levate, portate in tavola e servite.

CHICCHI
CHIC

INSALATA DI RISO VENERE
CON VERDURE GRIGLIATE E GAMBERI

30 minuti + riposo

40 minuti

INGREDIENTI
per 4 persone

- **300 g di riso venere**
- **20 gamberi**
- **1 peperone rosso**
- **1 peperone giallo**
- **1 melanzana**
- **4 cipolle**
- **3 pomodori maturi**
- **1 mazzetto di prezzemolo**
- **qualche foglia di menta**
- **succo di limone**
- **olio extravergine di oliva**
- **sale**

1 Lessate il riso in 3 l di acqua bollente leggermente salata per 30 minuti (o comunque, per il tempo indicato sulla confezione). Poi scolatelo, distribuitelo in una teglia, conditelo con un filo di olio e lasciatelo raffreddare.

2 Nel frattempo, pulite i gamberi, incideteli sul dorso ed eliminate il filamento scuro. Fateli saltare in una padella con un filo di olio per pochi minuti, levate e tenete da parte.

3 Lavate e asciugate i peperoni, la melanzana e le cipolle. Tagliate la melanzana a fette, le cipolle a spicchi e i peperoni a falde, e grigliate tutto per pochi minuti. Al termine, riducete le falde dei peperoni a listerelle.

4 Sbollentate i pomodori per un paio di minuti, scolateli, tagliateli a metà, eliminate i semi e l'acqua di vegetazione e fateli a filetti. Emulsionate 4 cucchiai di olio con 2 cucchiai di succo di limone e un pizzico di sale.

5 Raccogliete il riso e i gamberi in un'insalatiera, unite tutti gli ortaggi e condite con l'emulsione. Profumate con un trito di prezzemolo e menta e mescolate delicatamente. Distribuite l'insalata nelle coppe individuali, decorate con qualche fogliolina di prezzemolo e di menta, e servite.

INSALATA DI RISO VENERE ALL'ARAGOSTA CON CREMA DI PEPERONE

25 minuti + riposo

35 minuti

INGREDIENTI per 4 persone

- 300 g di riso venere
- 1 aragosta da 600 g
- 2 peperoni gialli
- 1 limone
- 1 mazzetto di prezzemolo
- aceto
- olio extravergine di oliva
- sale

1 Lessate il riso in 3 l di acqua bollente leggermente salata per 30 minuti (o comunque, per il tempo indicato sulla confezione). Poi scolatelo e distribuitelo in una teglia, conditelo con un filo di olio, 1 cucchiaino di aceto e il succo di 1/2 limone, e lasciatelo raffreddare.

2 Mentre il riso è in cottura, lessate l'aragosta in acqua bollente per circa 20-25 minuti. Poi scolatela, tagliate il carapace per il lungo, estraete la polpa e tagliatela a rondelle.

3 Abbrustolite i peperoni direttamente sulla fiamma del fornello (usando uno spargifiamma). Metteteli in un sacchetto di carta per il pane, chiudete e lasciate riposare per una decina di minuti. Poi levateli, pelateli, tagliateli a metà, eliminate i semi e le coste bianche interne, e fateli a tocchetti.

4 Scaldate 3-4 cucchiai di olio in una padella, unite la dadolata di peperone e fate cuocere per 5 minuti. Poi scolatela, trasferitela nel bicchiere del mixer, condite con un pizzico di sale, unite il succo del 1/2 limone rimasto e frullate.

5 Distribuite il riso nelle coppette individuali, completate con la crema di peperone e con 2-3 rondelle di aragosta, profumate con un po' di prezzemolo tritato e servite.

INSALATA DI RISO VENERE AL PRIMO SALE POMODORINI E OLIVE

25 minuti + riposo

30 minuti

INGREDIENTI
per 4 persone

- 300 g di riso venere
- 200 g di primo sale
- 10-12 pomodorini
- 100 g di olive nere già snocciolate
- 1 mazzetto aromatico (1 foglia di alloro, 2 rametti di timo, 4 foglie di salvia, 4 ciuffi di prezzemolo)
- 1 rametto di timo
- 1 cucchiaio di capperi sotto sale
- 4 cucunci
- aceto di mele
- olio extravergine di oliva
- sale e pepe

1 Versate in una casseruola 3 l di acqua, profumate con il mazzetto aromatico, salate e portate a bollore. Unite il riso e lessatelo per 30 minuti (o comunque, per il tempo indicato sulla confezione). Trascorso il tempo, scolatelo, distribuitelo in una teglia, conditelo con un filo di olio e lasciatelo raffreddare.

2 Nel frattempo, lavate e asciugate i pomodorini, tagliateli a metà ed eliminate i semi e l'acqua di vegetazione. Tagliate le olive a rondelle e il primo sale a cubetti. Sciacquate i capperi per eliminare il sale di conservazione e asciugateli perfettamente.

3 Emulsionate 3-4 cucchiai di olio con 1 cucchiaio di aceto, un pizzico di sale e una macinata di pepe; sgranate qualche foglia di timo.

4 Versate il riso in un'insalatiera, unite i pomodorini, le olive, il primo sale, i capperi e le foglie di timo, condite con l'emulsione e mescolate. Distribuite l'insalata nelle coppette individuali, completate con i cucunci e con qualche altra foglia di timo, e servite.

INSALATA DI RISO ROSSO
CON FRUTTA ESOTICA ALLO ZENZERO E MELISSA

15 minuti + riposo

15 minuti

INGREDIENTI
per 4 persone

- 300 g di riso rosso
- 3 l di tè al gelsomino
- 1 mango
- 1 ananas
- 1 kiwi
- 5-6 spicchi di arancia pelati al vivo
- 30 g di polpa di cocco grattugiata
- 1 g di citronella tritata
- 1 g di zenzero fresco tritato
- qualche foglia di melissa
- vino rosé
- succo di limone
- olio extravergine di oliva
- sale e pepe

1 Versate il riso in una ciotola con il tè freddo e 1/2 bicchiere di vino rosé, e lasciate riposare per 2-3 ore. Trascorso il tempo, trasferite tutto in una casseruola e portate a ebollizione. Unite il riso e lessatelo per 25 minuti (o comunque, per il tempo indicato sulla confezione). Poi scolatelo, distribuitelo in una teglia, conditelo con un filo di olio e lasciatelo raffreddare.

2 Sbucciate mango, ananas e kiwi, ricavate la polpa dai frutti e tagliatela a vostra fantasia. Emulsionate 4 cucchiai di olio con 1 cucchiaino di succo limone, un pizzico di sale, una macinata abbondante di pepe, la citronella e lo zenzero.

3 Raccogliete il riso in una coppa, unite la polpa dei frutti e gli spicchi di arancia, e mescolate delicatamente. Condite con l'emulsione e mescolate ancora. Completate con la polpa di cocco, guarnite con le foglie di melissa e servite.

INSALATA DI RISO GIALLO
CON GAMBERI ZUCCHINE E FINOCCHI

	25 minuti + riposo
	35 minuti

INGREDIENTI
per 4 persone

- 300 g di riso
- 200 g di gamberi già sgusciati e puliti
- 2-3 zucchine
- 3 bustine di zafferano
- 1 mazzetto aromatico (1 foglia di alloro, 4 foglie di salvia, 4 ciuffi di prezzemolo)
- 3 rametti di timo
- 2 finocchi
- succo di lime
- succo di arancia
- olio extravergine di oliva
- sale e pepe

1 Lavate e asciugate le zucchine, poi spuntatele e tagliatele a rondelle, a rombetti e a dadini. Mondate i finocchi, eliminando le canne e le guaine esterne, e affettateli sottilmente.

2 Versate in una casseruola 3 l di acqua, profumate con il mazzetto aromatico, salate e portate a bollore. Sbollentate i finocchi per 3 minuti e le zucchine per 2, poi scolateli, recuperando l'acqua, e lasciateli raffreddare.

3 Versate il riso nella stessa acqua aromatizzata riportata a bollore, unite lo zafferano e fate cuocere per una ventina di minuti (o comunque, per il tempo indicato sulla confezione). Trascorso il tempo, scolatelo, distribuitelo in una teglia, conditelo con un filo di olio e lasciatelo raffreddare.

4 Scaldate un paio di cucchiai di olio in una padella, unite i gamberi, profumate con 2 rametti di timo, condite con un pizzico di sale e una macinata di pepe e fate saltare per 2-3 minuti. Poi levate e lasciate raffreddare.

5 Emulsionate 3-4 cucchiai di olio con 1 cucchiaio di succo di lime, 1 cucchiaio di succo di arancia, un pizzico di sale e una macinata di pepe. Raccogliete il riso e gli altri ingredienti preparati in una coppa, condite con l'emulsione e mescolate. Guarnite con il timo rimasto, portate in tavola e servite.

INSALATA DI RISO
CON POLPO E ZUCCHINE ALLE ERBE FRESCHE

20 minuti + riposo	45 minuti

INGREDIENTI
per 4 persone

- 300 g di riso integrale
- 1 polpo da 1 kg circa
- 4 zucchine
- 4 cucchiai di trito di erbe aromatiche miste (prezzemolo, menta, basilico)
- 2 limoni
- 1 spicchio di aglio
- aceto di vino bianco
- olio extravergine di oliva
- sale e pepe

1 Mettete il polpo in una casseruola di acqua acidulata con il succo di 1 limone e l'aceto. Incoperchiate e portate a bollore. Abbassate al minimo la fiamma e fate cuocere per 40 minuti (o comunque, per il tempo indicato sulla confezione), senza mai levare il coperchio. Trascorso il tempo, levate dal fuoco e lasciate intiepidire il polpo nel suo liquido di cottura. Al termine, scolatelo e tagliatelo a pezzi.

2 Mentre il polpo è in cottura, preparate anche il riso. Portate a bollore 3 l di acqua leggermente salata, versate il riso e lessatelo per 40 minuti. Poi scolatelo, distribuitelo in una teglia, conditelo con un filo di olio e lasciatelo raffreddare.

3 Intanto, lavate le zucchine, spuntatele e affettatele a rondelle sottili con una mandolina. Quindi fatele saltare per 2-3 minuti in una padella con l'aglio schiacciato e 3 cucchiai di olio. Regolate di sale e pepe e lasciate raffreddare.

4 Emulsionate il succo del limone rimasto con 4 cucchiai di olio, un pizzico di sale e una macinata di pepe. Raccogliete il riso e il polpo in un'insalatiera, aggiungete le zucchine, condite con l'emulsione e mescolate. Profumate con il trito di erbe aromatiche, mescolate ancora e servite.

INSALATA DI RISO BASMATI
ALLA POLPA DI GRANCHIO MELE E PEPERONE

25 minuti + riposo

20 minuti

INGREDIENTI
per 4 persone

- 300 g di riso basmati
- 200 g di polpa di granchio
- 2 mele verdi
- 1 peperone
- 1 cipolla rossa
- 1 mazzetto aromatico (1 foglia di alloro, 2 rametti di timo, 4 foglie di salvia, 4 ciuffi di prezzemolo)
- qualche stelo di erba cipollina
- succo di limone
- olio extravergine di oliva
- sale e pepe

1 Versate in una casseruola 3 l di acqua, profumate con il mazzetto aromatico, salate e portate a bollore. Unite il riso e lessatelo per 11-12 minuti. Quindi scolatelo, distribuitelo in una teglia, conditelo con un filo di olio e lasciatelo raffreddare.

2 Lavate le mele, asciugatele e tagliatele a dadini senza sbucciarle. Tagliate a metà il peperone, eliminate i semi e le coste bianche interne e fatelo prima a listerelle e quindi a cubetti. Sbollentate i cubetti di peperone per 3 minuti, scolateli e lasciateli raffreddare.

3 Affettate la cipolla a rondelle, immergetele in acqua e ghiaccio e lasciatele a bagno per una decina di minuti. Poi scolatele, asciugatele e tenetele da parte. Tagliate a pezzetti la polpa di granchio.

4 Raccogliete il riso in una coppa, unite i dadini di mela, i cubetti di peperone, le rondelle di cipolla e la polpa di granchio. Emulsionate 3-4 cucchiai di olio con 1 cucchiaio di succo di limone, un pizzico di sale e una macinata di pepe, condite l'insalata e mescolate. Guarnite con l'erba cipollina, portate in tavola e servite.

INSALATA DI RISO INTEGRALE CON POLLO MELONE E SEDANO VERDE

⏱	20 minuti + riposo
🍲	30 minuti

INGREDIENTI
per 4 persone

- 300 g di riso integrale
- 200 g di petto di pollo
- 100 g di sedano verde
- 1 mazzetto aromatico (1 foglia di alloro, 2 rametti di timo, 4 foglie di salvia, 4 ciuffi di prezzemolo)
- 1/2 melone
- 1 mazzetto di menta
- olio extravergine di oliva
- sale e pepe

1 Versate in una casseruola 3 l di acqua, profumate con il mazzetto aromatico, salate e portate a bollore. Unite il riso e lessatelo per 40 minuti (o comunque, per il tempo indicato sulla confezione). Poi scolatelo, distribuitelo in una teglia, conditelo con un filo di olio e lasciatelo raffreddare.

2 Fate rosolare il petto di pollo in una padella con 2-3 cucchiai di olio. Portate a cottura, quindi levatelo e lasciatelo raffreddare. Infine tagliatelo a cubetti.

3 Mondate il sedano verde, tagliatelo a losanghe e fatelo sbianchire in acqua bollente per un paio di minuti. Scolatelo, mettetelo a raffreddare in acqua e ghiaccio per una decina di minuti, quindi levatelo e asciugatelo. Fate a pallini la polpa del melone.

4 Emulsionate 3-4 cucchiai di olio con un pizzico di sale e una macinata abbondante di pepe. Raccogliete tutti gli ingredienti in una coppa, condite con l'emulsione e mescolate. Guarnite con qualche foglia di menta, portate in tavola e servite.

RISI E RISOTTI SOTTO L'OMBRELLONE

RISOTTO AGLI SCAMPI
CON GELATO AL GORGONZOLA

30 minuti + riposo

60 minuti

INGREDIENTI
per 4 persone

- **320 g di riso**
- **300 g di scampi di media grandezza**
- **1 cipolla**
- **1 costa di sedano**
- **olio extravergine di oliva**
- **burro**
- **sale e pepe**

per il gelato
- **200 g di gorgonzola**
- **2,5 dl di latte**
- **1,25 dl di panna**
- **20 g di zucchero**

1 Per il gelato: tagliate a tocchetti il gorgonzola, mettetelo in una casseruola con il latte e fate fondere a bagnomaria, mescolando, fino a ottenere un composto cremoso. Nel frattempo preparate uno sciroppo con lo zucchero e 2 cucchiai di acqua.

2 Levate la crema di gorgonzola dal fuoco, incorporate lo sciroppo, filtrate tutto e lasciate raffreddare. Al termine incorporate anche la panna. Trasferite il composto in una ciotola di acciaio inossidabile e mettete in freezer per almeno un paio di ore, mescolando ogni 30 minuti.

3 Sgusciate gli scampi, conservando i carapaci, incideteli sul dorso ed eliminate il filamento scuro dell'intestino. Tagliateli a tocchetti e teneteli da parte. Fate rosolare i carapaci in una pentola con 3-4 cucchiai di olio. Unite 1 l abbondante di acqua, salate, profumate con il sedano, portate a bollore e fate restringere per una ventina di minuti. Al termine filtrate il brodo.

4 Affettate sottilmente la cipolla e fatela appassire in una casseruola con 1-2 cucchiai di olio e una noce di burro. Versate il riso e fatelo tostare per un paio di minuti, mescolando con un cucchiaio di legno.

5 Bagnate con un mestolo del brodo preparato e portate a cottura il risotto, aggiungendo altro brodo man mano che viene assorbito. A metà cottura unite gli scampi tagliati a tocchetti. Al termine, distribuite il risotto nelle coppette individuali, completate con una pallina di gelato e servite.

RISOTTO ALLE ZUCCHINE CON BURRO AL SALMONE

15 minuti + riposo

25 minuti

INGREDIENTI
per 4 persone

- 320 g di riso
- 2 zucchine
- 1 cipolla
- brodo vegetale
- burro
- olio extravergine di oliva
- sale

per il burro al salmone

- 125 g di burro già ammorbidito
- 2 fette di salmone affumicato
- pepe rosa

1 Per il burro al salmone: tritate finemente il salmone e pestate grossolanamente 1 cucchiaio di pepe rosa. Raccogliete il burro in una ciotola e lavoratelo con un cucchiaio di legno, finché diventa cremoso. Unite il salmone e il pepe e lavorate ancora.

2 Trasferite il burro su un foglio di pellicola trasparente, avvolgetelo e mettetelo in frigorifero per 10-15 minuti. Foderate uno stampino di alluminio con altra pellicola. Levate il burro dal frigo, liberatelo dalla pellicola, trasferitelo nello stampino e compattatelo. Coprite con carta di alluminio e rimettete in frigo per almeno 1 ora.

3 Per il risotto: lavate e asciugate le zucchine, poi spuntatele tagliatele a fette e fatele trifolare per pochi minuti in una padella con 2-3 cucchiai di olio. Levatele e tenetele da parte.

4 Affettate la cipolla e fatela appassire in una casseruola con una noce di burro e 2 cucchiai di olio. Versate il riso e fatelo tostare per un paio di minuti, mescolando con un cucchiaio di legno. Bagnate con un mestolo di brodo e portate a cottura, aggiungendo altro brodo man mano che viene assorbito.

5 A pochi minuti dal termine, aggiungete le zucchine e regolate di sale. Distribuite il risotto in bicchierini individuali, completate con una rondella di burro aromatizzato e servite.

RISOTTO ALLA SPIGOLA

10 minuti

25 minuti

INGREDIENTI
per 4 persone

- 320 g di riso
- 1 spigola da 600 g già eviscerata
- 8 fiori di zucca
- 2 cipolle
- 1 costa di sedano
- 1 mazzetto di prezzemolo
- 2 foglie di alloro
- vino bianco
- olio extravergine di oliva
- sale

1 Spellate la spigola, sfilettatela e tagliate i filetti a tocchetti, quindi teneteli da parte. Recuperate la testa e la lisca del pesce e raccoglietele in una pentola con abbondante acqua.

2 Salate, unite 1 cipolla, la costa di sedano (con le foglie) e l'alloro, e mettete sul fuoco. Portate a bollore e fate restringere per una ventina di minuti. Trascorso il tempo, levate e filtrate il brodo.

3 Affettate sottilmente la cipolla rimasta e fatela appassire in una casseruola con 2-3 cucchiai di olio. Versate il riso e fatelo tostare per un paio di minuti, mescolando con un cucchiaio di legno. Sfumate con 1/2 bicchiere di vino e fate evaporare.

4 Bagnate con un mestolo del brodo preparato, bollente, e portate a cottura il risotto, aggiungendo altro brodo man mano che viene assorbito. A metà cottura aggiungete i tocchetti di spigola e un po' di prezzemolo tritato.

5 Mentre il risotto è in cottura, mondate i fiori di zucca, eliminate il picciolo e tagliateli a striscioline. Una volta pronto il risotto, levate dal fuoco, unite i fiori e mantecate per un paio di minuti. Portate in tavola e servite.

RISOTTO AL MELONE E CRUDO

20 minuti

25 minuti

INGREDIENTI
per 4 persone

- 320 g di riso
- 2 meloni piccoli
- 1 cipolla
- 150 g di prosciutto crudo a fette sottili
- 40 g di parmigiano grattugiato
- 1 mazzetto di prezzemolo
- vino bianco
- brodo vegetale
- burro
- olio extravergine di oliva
- sale

1 Tagliate i meloni a metà in senso orizzontale. Togliete i semini, estraete la polpa, facendo attenzione a non rompere le bucce (vi serviranno da coppette), e tagliatela a dadini.

2 Tritate la cipolla e fatela appassire in una casseruola con 2-3 cucchiai di olio. Versate il riso e fatelo tostare per un paio di minuti, mescolando con un cucchiaio di legno. Bagnate con 1/2 bicchiere di vino e lasciate evaporare.

3 Unite un mestolo di brodo bollente e portate a cottura il risotto, aggiungendo altro brodo man mano che viene assorbito. A metà cottura aggiungete i dadini di melone.

4 Mentre il risotto è in cottura, tagliate a listerelle il prosciutto, adagiatelo su una teglia e infornatelo a 180 °C fino a renderlo croccante.

5 Completata la cottura del risotto, regolate di sale, levate dal fuoco e mantecate con una noce di burro e il parmigiano. Aggiungete il prosciutto croccante, spolverizzate con un po' di prezzemolo tritato e mescolate. Distribuite il risotto nelle coppette di melone, portate in tavola e servite.

RISOTTO
AL PROFUMO DI LIMONE

15 minuti

15 minuti

INGREDIENTI
per 4 persone

- 320 g di riso
- 2 cipolle
- 2 limoni
- 200 g di fontina
- 50 g di parmigiano grattugiato
- burro
- brodo vegetale
- vino bianco
- olio extravergine di oliva
- sale e pepe

1 Tagliate la fontina a cubetti; sbucciate i limoni, facendo attenzione a non prendere la parte bianca, e tagliate la scorza a julienne. Quindi, tenete tutto da parte.

2 Affettate sottilmente le cipolle e fatele appassire in una casseruola con una noce di burro e 2-3 cucchiai di olio. Versate il riso e fatelo tostare per un paio di minuti, mescolando con un cucchiaio di legno. Sfumate con 1/2 bicchiere di vino e fate evaporare.

3 Bagnate con un mestolo di brodo e portate a cottura il risotto, aggiungendo altro brodo man mano che viene assorbito. A 10 minuti dal termine di cottura, unite la dadolata di fontina e la julienne di limone e mescolate.

4 Levate dal fuoco, profumate con una macinata di pepe, mantecate con abbondante parmigiano e servite.

RISOTTO
AI PORCINI

Preparazione	10 minuti
Cottura	25 minuti

INGREDIENTI
per 4 persone

- **320 g di riso**
- **300 g di porcini**
- **1 scalogno**
- **40 g di parmigiano grattugiato**
- **1 mazzetto di prezzemolo**
- **vino bianco**
- **brodo vegetale**
- **burro**
- **olio extravergine di oliva**
- **sale e pepe**

1 Mondate i porcini, affettateli sottilmente e fateli saltare per pochi minuti in una padella con un filo di olio, un pizzico di sale e una macinata di pepe. Levateli e teneteli da parte.

2 Tritate lo scalogno e fatelo appassire in una casseruola con 2-3 cucchiai di olio. Versate il riso e fate tostare per un paio di minuti, mescolando con un cucchiaio di legno.

3 Sfumate con 1/2 bicchiere di vino e fate evaporare. Bagnate con un mestolo di brodo e portate a cottura il risotto, aggiungendo altro brodo man mano che viene assorbito. A 10 minuti dal termine della cottura, unite i porcini.

4 Levate il risotto dal fuoco, mantecate con una noce di burro e il parmigiano, spolverizzate con un po' di prezzemolo tritato, e servite.

POMODORI DI RISO

20 minuti + riposo

55 minuti

INGREDIENTI per 4 persone

- 4 pomodori da riso grossi e maturi
- 200 g di riso
- 4-5 g di patate
- 1 mazzetto di prezzemolo
- 1 mazzetto di basilico
- olio extravergine di oliva
- sale e pepe

1 Lavate i pomodori, asciugateli e tagliate le calotte. Quindi svuotateli, facendo attenzione a non romperli. Mentre li svuotate, recuperate il liquido di vegetazione e la polpa.

2 Versate il riso in una casseruola, unite la polpa e l'acqua di vegetazione dei pomodori, condite con 3-4 cucchiai di olio, un pizzico di sale e una macinata di pepe, e fate cuocere per 5-6 minuti. Poi levate e lasciate raffreddare. Tritate qualche foglia di prezzemolo e di basilico, profumate il riso e mescolate bene.

3 Sbucciate le patate, tagliatele a tocchetti e distribuitele in una pirofila. Condite all'interno i pomodori svuotati con un pizzico di sale, una macinata di pepe e un filo di olio. Riempiteli con il riso preparato, copriteli con le loro calotte e disponeteli sul letto di patate.

4 Irrorate tutto con abbondante olio extravergine di oliva, mettete in forno caldo a 180 °C e fate cuocere per 50 minuti. Trascorso il tempo, levate, lasciate intiepidire e servite. Sono buoni anche freddi-

PAELLA

25 minuti

45 minuti

INGREDIENTI
per 4 persone

- **300 g di riso**
- **1/2 pollo tagliato a pezzettoni**
- **2 salsicce**
- **300 g di gamberi**
- **500 g di cozze già pulite**
- **100 g di piselli già sbollentati**
- **2 calamari**
- **1 peperone già abbrustolito e pelato**
- **300 g di pomodori**
- **1 cipolla**
- **1 spicchio di aglio**
- **1 peperoncino**
- **1 bustina di zafferano**
- **1 mazzetto di prezzemolo**
- **vino bianco**
- **brodo vegetale**
- **olio extravergine di oliva**
- **sale**

1 Raccogliete le cozze in una padella con un filo di olio, incoperchiate e fatele aprire a fuoco medio. Poi levate e tenete da parte. Tagliate a metà il peperone, eliminate i semi e l'acqua di vegetazione e fatelo a listerelle.

2 Scaldate 4-5 cucchiai di olio con lo spicchio di aglio e il peperoncino tritato in una paellera (o in un tegame adatto a questa preparazione). Unite la cipolla, tritata, e fatela appassire a fuoco medio. Aggiungete le listerelle di peperone, le salsicce, spellate e tagliate a tocchetti, e i pezzi di pollo e fate rosolare per qualche minuto, mescolando spesso.

3 Unite il riso, bagnate con 1/2 bicchiere di vino bianco e fate sfumare. Versate 1/2 l di brodo bollente, aggiungete i calamari, tagliati ad anelli, e fate cuocere per 5 minuti a fuoco vivace.

4 Sgusciate i gamberi, incideteli sul dorso ed eliminate il filamento scuro dell'intestino. Sbollentate i pomodori per un paio di minuti, scolateli, pelateli, eliminate i semi e l'acqua di vegetazione e fateli a dadini. Aggiungete entrambi gli ingredienti al riso e proseguite la cottura per altri 8 minuti, bagnando via via con altro brodo quando necessario.

5 Trascorso il tempo, unite i piselli e le cozze, profumate con lo zafferano, stemperato in 1 cucchiaio di brodo, e portate a cottura. Al termine il riso dovrà risultare bene al dente. Regolate di sale, spolverizzate con abbondante prezzemolo tritato e servite.

ANELLO DI RISO
AL CURRY VEGETARIANO

Tempo di preparazione	25 minuti
Tempo di cottura	80 minuti

INGREDIENTI
per 4 persone

- 350 g di riso
- 100 g di ceci già lessati
- 2 patate
- 3 carote
- 1 porro
- 2 cipolle
- 1 cucchiaio di concentrato di pomodoro
- 1 limone
- pasta al curry
- curry in polvere
- brodo vegetale
- olio extravergine di oliva
- sale e pepe

1 Scaldate 2-3 cucchiai di olio in una casseruola e stemperate 2 cucchiai di pasta al curry. Aggiungete 1 cipolla tritata e fate appassire. Versate il riso e fatelo tostare per un paio di minuti, mescolando con un cucchiaio di legno. Unite un mestolo di brodo e portate a cottura al dente, aggiungendo altro brodo man mano che viene assorbito. Al termine, salate e pepate.

2 Tritate finemente la cipolla rimasta, il porro e 1 carota. Raccogliete il trito in una casseruola con 2-3 cucchiai di olio e fate soffriggere per 5-10 minuti. Aggiungete i ceci, il concentrato di pomodoro e la scorza grattugiata del limone; profumate con un pizzico di curry in polvere e lasciate insaporire per altri 5 minuti.

3 Bagnate con abbondante brodo vegetale e proseguite la cottura a fuoco moderato, per 30 minuti. Trascorso il tempo, unite le carote rimaste, tagliate a rondelle, e le patate, sbucciate e fatte a tocchetti, e proseguite la cottura per altri 20-25 minuti.

4 Ungete uno stampo ad anello con un po' di olio e distribuiteci il risotto, compattandolo leggermente. Mettete in forno già caldo a 200 °C e fate cuocere per una decina di minuti.

5 Levate, lasciate intiepidire e sformate l'anello su un piatto da portata. Versate il curry vegetariano al centro dell'anello di riso, portate in tavola e servite.

ANELLO DI RISO
CON CALAMARETTI E GAMBERONI

	15 minuti + riposo
	15 minuti

INGREDIENTI
per 4 persone

- 350 g di riso
- 350 g di gamberoni
- 150 g di calamaretti già puliti
- 150 g di passata di pomodoro
- 2 porri
- 1 rametto di timo
- 1 rametto maggiorana
- 1 spicchio di aglio
- 1 costa di sedano
- 1 carota
- 3 scalogni
- burro
- vino bianco
- olio extravergine di oliva
- sale e pepe

1 Sgusciate i gamberoni, conservando teste e carapaci; incideteli sul dorso ed eliminate il filamento scuro. Tagliateli a pezzetti e fateli saltare per pochi secondi in una padella con 2-3 cucchiai di olio. Levateli e teneteli da parte.

2 Mondate e tritate la carota, l'aglio, la costa di sedano e 1 porro; profumate con un po' di timo e di maggiorana, e fate appassire a fuoco basso in una casseruola con 2-3 cucchiai di olio. Unite teste e carapaci dei gamberoni e lasciate insaporire per qualche minuto. Bagnate con 1/2 bicchiere di vino e con abbondante acqua e fate cuocere per una ventina di minuti. Poi levate e filtrate il brodo.

3 Tagliate i calamaretti ad anelli piccoli e lasciateli insaporire per 2 minuti in un'altra casseruola con 2-3 cucchiai di olio e il porro rimanente, tritato. Versate la passata e fate cuocere per 10-15 minuti (nel caso potete aggiungere un po' del brodo preparato). Al termine, regolate di sale e pepate.

4 Tritate gli scalogni e fateli appassire in una terza casseruola con 2-3 cucchiai di olio. Versate il riso e fatelo tostare per un paio di minuti, mescolando ogni tanto. Unite un mestolo di brodo e portate a cottura al dente, aggiungendo altro brodo man mano che viene assorbito.

5 Levate il risotto dal fuoco, mantecate con una noce di burro, unite i gamberoni a pezzetti e mescolate. Ungete con un po' di olio quattro stampini individuali ad anello, distribuite il riso e compattatelo con il dorso di un cucchiaio. Infornate a 200 °C e fate cuocere per una decina di minuti. Levate, sformate gli anelli nei piatti individuali, completate al centro con i calamaretti e la loro salsa e servite.

PASTA E RISO DELL'ESTATE
DALLA A ALLA Z

PASTA E RISO DELL'ESTATE
A cura di
Alice Cucina

REDAZIONE
via Tiburtina 924, 00156 Roma
staff.alicemagazine@ltmultimedia.tv
DIRETTORE RESPONSABILE
Valter La Tona
VICEDIRETTORE
Giulia Macrì - giulia.macri@ltmultimedia.tv
CAPOREDATTORE
Francesco Monteforte Bianchi
francesco.monteforte@ltmultimedia.tv
REDAZIONE
Emanuela Bianconi - emanuela.bianconi@ltmultimedia.tv
SEGRETERIA DI REDAZIONE
Luisa Sbroscia - luisa.sbroscia@ltmultimedia.tv
REVISIONE TESTI
Fabio Caldarelli
IMPAGINAZIONE
Alessia Carrozzi
FOTOGRAFIE
E. Andreini, C. Bellasio, I. Beretta, F. Brambilla
S. Michaelles, S.Serrani

SITCOM EDITORE srl
Società controllata da LT Multimedia srl
LT MULTIMEDIA srl
via Tiburtina 924, 00156 Roma
sitcomeditore@ltmultimedia.tv - www.sitcomeditore.tv

STAMPA
Tipolitografia Trullo
Via delle Idrovore della Magliana, 173 - 00148 Roma
Tel. +39 066535677 - Fax. +39 066535976
doc@tipolitografiatrullo.it
www.tipolitografiatrullo.it

ISBN: 978-88-6107-136-0

Nella stessa collana:

le Conserve

la Pizza

il Cioccolato

la Pasta all'Uovo

i Menu di Natale

Verdure d'inverno

Fritti & Frittelle

Spaghetti & Co.

Frittate & Omelette

Verdure di primavera

Mousse, terrine e pâté

Gelati e sorbetti

il Pesce azzurro

il Pollo

i Risotti

le Patate

i Menu delle Feste

Dolci al cucchiaio

Fritti golosi

Muffin & Plumcake

le Uova

Sfoglia frolla e brisée

Bimbi è pronto!

Insalate gourmand

Finito di stampare luglio 2012